Novena a
Santa Teresa dos Andes

Frei Patrício Sciadini, OCD

Novena a Santa Teresa dos Andes

Edições Loyola

Capa: Foto de Santa Teresa dos Andes, restaurada e colorizada digitalmente por Cristian Diaz Basualto
Diagramação: Miriam de Melo
Revisão: Rita Lopes

Edições Loyola Jesuítas
Rua 1822 n° 341 – Ipiranga
04216-000 São Paulo, SP
T 55 11 3385 8500/8501, 2063 4275
editorial@loyola.com.br
vendas@loyola.com.br
www.loyola.com.br

Todos os direitos reservados. Nenhuma parte desta obra pode ser reproduzida ou transmitida por qualquer forma e/ou quaisquer meios (eletrônico ou mecânico, incluindo fotocópia e gravação) ou arquivada em qualquer sistema ou banco de dados sem permissão escrita da Editora.

ISBN 978-85-15-03391-1

© EDIÇÕES LOYOLA, São Paulo, Brasil, 2006

107355

Sumário

Introdução 7

Para todos os dias 10

Ladainha de Santa Teresa de los Andes .. 12

Oração a Teresa de los Andes 15

   Primeiro dia: Viver de Fé 16

   Segundo dia: Viver de Esperança 19

   Terceiro dia: Viver o Amor 22

   Quarto dia: Jesus Crucificado 26

   Quinto dia: Silêncio 29

   Sexto dia: Alegria 32

   Sétimo dia: Amar Maria 35

   Oitavo dia: Oração 38

   Nono dia: Eucaristia 41

Introdução

A tradição de fazer novenas, tríduos ou às vezes até meses inteiros de orações para obter determinadas graças é antiga. Tem sua origem no Antigo Testamento e fora do contexto bíblico. Jesus mesmo ia fielmente todos os anos a Jerusalém para celebrar a Páscoa. Esse não deixa de ser um costume permanente do povo de Israel.

A novena não é um toque milagroso e infalível, é um encontro com Deus pela mediação da Virgem Maria e dos santos.

Na Igreja católica costuma-se dedicar igrejas aos santos que estão no coração do povo. E todas as festas são preparadas com tríduos especiais e novenas em honra ao padroeiro.

São Francisco, Santa Teresinha e Santo Antônio são os santos com maior número de igrejas a eles dedicadas no mundo. Sem dúvida, em toda diocese há igrejas dedicadas a Nossa Senhora e a São José, a algum título de Cristo e ainda, como há entre nós, o santuário do Divino Pai Eterno.

Santa Teresa de los Andes é uma santa relativamente nova. Foi proclamada Beata e Santa pelo papa João Paulo II em 3 de abril de 1987 e em 1993, respectivamente.

Chilena de nascimento, é a santa que menos tempo viveu no Carmelo — somente 11 meses. Morreu com 20 anos. Possui uma espiritualidade de alegria, uma alegria que nasce do encontro amoroso com o Senhor. Sendo jovem, sabe como falar ao coração dos jovens. Viveu mergulhada no dia-a-dia, nos estudos, nos esportes, na catequese, tranqüila na fazenda de seu avô. Quando a pobreza se abateu sobre sua família, Teresa acompanhou de perto o sofrimento do pai. Vale a pena ler seus escritos, cheios de esperança e de amor.

Frei Patrício Sciadini, OCD

Para todos os dias

Sempre que nos reunimos, é em nome de Cristo e ao seu redor. Somente Cristo pode nos reunir. Os santos nos ajudam a compreender que somos Igreja e que unidos podemos transformar o mundo em que vivemos. Na conversão de nossos pecados, vamos nos tornando cada vez mais amigos de Deus e dos outros, e também evangelizadores.

Oração

Senhor, nosso Deus, nós te louvamos e bendizemos porque suscitaste no povo chileno, na América Latina e na Igreja uma santa que, com sua espiritualidade, enriqueceu o Carmelo e cada um de nós.

Teresa de los Andes, tu que foste uma jovem feliz, alegre, capaz de viver os momentos da vida com intensidade, jogar, correr, estudar, rezar, catequizar, ser presença forte e corajosa ao lado dos sofredores, ensina-nos a contemplar a presença viva de Deus nas coisas simples da vida, nos momentos alegres e de sofrimento, a saber oferecer nossa vida pela salvação das pessoas, especialmente dos pecadores.

Ajuda os jovens a descobrir a própria vocação, as pessoas que experimentam o peso da solidão a perceber a presença de Deus, alegria infinita! Que ninguém sofra por nossa causa!

Que nos momentos difíceis da vida possamos perceber a tua presença amiga que nos consola e que nos convida a estar sempre mais a serviço de Deus e dos irmãos. Ajuda-nos a ter para com a Virgem Santa o mesmo amor que tu tiveste.

Amém!

Ladainha de Santa Teresa de los Andes

Senhor, tende piedade de nós!
Jesus Cristo, tende piedade de nós!
Senhor, tende piedade de nós!

Deus, Pai dos Céus,
tende piedade de nós!

Deus Filho, Redentor do mundo,
tende piedade de nós!

Deus Espírito Santo,
tende piedade de nós!

Santíssima Trindade,
que sois um só Deus,
tende piedade de nós!

Nossa Senhora do Carmo, rogai por nós!
Santos do Carmelo, rogai por nós!

Santa Teresinha do Menino Jesus, rogai por nós!
Santa Teresa de Ávila, rogai por nós!
São João da Cruz, rogai por nós!
Santa Teresa de los Andes, espelho de simplicidade, rogai por nós!
Santa Teresa de los Andes, alegria infinita de Deus, rogai por nós!
Santa Teresa de los Andes, servidora dos pobres, rogai por nós!
Santa Teresa de los Andes, modelo para a juventude, rogai por nós!
Santa Teresa de los Andes, apaixonada de Jesus Crucificado, rogai por nós!
Santa Teresa de los Andes, cheia de amor de Deus, rogai por nós!
Santa Teresa de los Andes, intercessora pelos pecadores, rogai por nós!
Santa Teresa de los Andes, amiga das crianças, rogai por nós!

Santa Teresa de los Andes, padroeira dos catequistas, rogai por nós!
Santa Teresa de los Andes, amante do silêncio, rogai por nós!
Santa Teresa de los Andes, feliz na pobreza, rogai por nós!
Santa Teresa de los Andes, alegre nas cruzes de cada dia, rogai por nós!
Santa Teresa de los Andes, discípula fiel de Jesus, rogai por nós!
Santa Teresa de los Andes, discípula de Maria, rogai por nós!
Santa Teresa de los Andes, amiga dos pecadores, rogai por nós!

Cordeiro de Deus que tirais os pecados do mundo, perdoai-nos, Senhor!

Cordeiro de Deus que tirais os pecados do mundo, ouvi-nos, Senhor!

Cordeiro de Deus que tirais os pecados do mundo, tende piedade de nós!

Oração a Teresa de los Andes

Deus misericordioso, alegria dos santos, que inflamaste o coração jovem de Santa Teresa com o fogo do amor virginal a Cristo e a sua Igreja e fizeste de sua vida um testemunho alegre do amor, mesmo em meio a tantos sofrimentos, concede-nos por sua intercessão que, inundados da docilidade de teu Espírito, proclamemos no mundo, por palavras e obras, o Evangelho do Amor. Por Nosso Senhor Jesus Cristo, vosso Filho, na unidade do Espírito Santo. Amém.

Primeiro dia
Viver de Fé

A fé é o primeiro passo para que possamos nos aproximar de Deus e obter o que necessitamos na vida. Deus nunca abandona os que têm fé; ele sempre nos pede que a tenhamos e nos repreende quando vacilamos nela. "Por que duvidais, homens de pouca fé?" Devemos dizer a Deus: "Creio, Senhor, mas aumentai a minha fé!".

Escutemos Teresa de los Andes que nos fala de fé:

- "Viva em Deus pela fé. Tudo muda quando se fixa este Sol Divino. Que a fé seja a lente que lhe descubra seu Criador." (C 120)

- "Uma alma com fé tem tudo, porque tem Deus. Os sofrimentos se transformam com ela." (C 120)

- "A vida com fé não consiste senão em apreciar e julgar as coisas e criaturas segundo o julgamento que Deus tem delas." (D 57)

Vamos meditar em silêncio esses pensamentos de Teresa de los Andes

ORAÇÃO

Todos: Senhor nosso Deus, nós precisamos ter uma fé forte e corajosa, que seja comprovada pelas nossas obras. Tu sabes que necessitamos de tantas coisas, especialmente de sentir o teu poder, o teu amor e tua presença. Nós cremos que perto de ti não pode existir tristeza, somente alegria e paz.

Concede-nos a graça de que mais necessitamos, ..., pela intercessão de

Santa Teresa de los Andes. Mas, desde já, se esta graça que te pedimos não for segundo a tua vontade, nós acolhemos o teu querer no nosso. Amém.

Pai-Nosso...

Ave-Maria...

Glória ao Pai...

Segundo dia
VIVER DE ESPERANÇA

A esperança é uma virtude teologal que nos foi dada por Deus no dia do nosso Batismo, mas cabe a nós saber vivê-la com intensidade e amor. Ninguém pode superar as dificuldades da vida sem esperança. Teresa de los Andes nunca deixou o desespero entrar em seu coração, sempre esperou contra tudo. Por isso foi proclamada santa. Você tem esperança?

Escutemos Teresa de los Andes que nos fala de esperança

- "Não imagina como rezei por você e pelos assuntos que lhe concernem, para que se resolvam como convém. Especialmente neste mês de Maria eu lhe entreguei à Santíssima Virgem. Espero que Ela me ouça e lhe proteja em todas as horas." (C 150)

Vamos meditar em silêncio esse pensamento de Teresa de los Andes

ORAÇÃO

Todos: Senhor, há momentos de nossa vida em que nos sentimos desanimados, perdemos a coragem de lutar, de procurar caminhos novos. Tudo nos parece errado, estamos desanimados diante da doença, das dívidas, dos problemas familiares, há falta de fé, mas confiamos no teu amor. Nós te pedimos, pela intercessão de Santa Teresa de los Andes, que também experimentou o desânimo, a graça de que mais necessitamos na nossa vida, ...

Vem, Senhor, em nosso socorro! Se esta graça que pedimos for de tua vontade, nos seja concedida, senão ajuda-nos a aceitar a tua vontade. Que Maria, Virgem da esperança, venha em nosso socorro. Amém.

Pai-Nosso...

Ave-Maria...

Glória ao Pai...

Terceiro dia
Viver o Amor

Ninguém pode viver sem ser amado e amar. Precisamos do amor. Sem amor somos deserto, terra árida; com o amor somos verdadeiramente jardim florido. É necessário recolocar o verdadeiro amor em nossa vida de cada dia: o amor a Deus com uma vida de fé, uma vida de amor aos irmãos na caridade. Tudo deve ser amor.

Escutemos Teresa de los Andes que nos fala do amor

- "Suspiro pelo dia de ir-me ao Carmelo para não ocupar-me senão Dele, para fundir-me Nele e para não viver senão a vida Dele: amar e sofrer para salvar as almas. Sim, estou sedenta delas porque sei que é o que mais quer Jesus. Oh! eu o amo tanto!

Quisera inflamar-te nesse amor. Que alegria a minha se pudesse dar-te a Ele! Oh! nunca tenho necessidade de nada, porque em Jesus encontro tudo o que busco! Ele jamais me abandona. Jamais diminui seu amor. É tão puro. É tão belo. É a Bondade mesma." (C 8)

- "Amemos, mãezinha, aquele Jesus que é tão odiado e ofendido. Consolemo-lo a cada momento dizendo-lhe que o amamos. Ele fica agradecido por este canto não interrompido do amor. Amemos a sua adorável vontade em todas as circunstâncias da vida. Quando se ama, tudo é alegria, a cruz não pesa, o martírio não se sente, vive-se mais no céu que na terra." (C 104)

Vamos meditar em silêncio essa doutrina de Teresa de los Andes

ORAÇÃO

Todos: Senhor, nós nos sentimos tristes, áridos, sem amor. Só tu, fonte do amor, podes nos dar de novo a alegria de viver o amor. Queremos amar, superar todas as antipatias, vencer os medos e nos deixar amar por ti e pelos outros. Teresa de los Andes soube amar, esquecer a si mesma e viver com intensidade o verdadeiro serviço do amor. Por isso, Senhor, te pedimos, pela intercessão de Santa Teresa de los Andes, a graça do amor e do que mais necessitamos, ...

Dá-nos, Senhor, o que pedimos se for de teu agrado e segundo a tua vontade. Senão, que possamos aceitar tudo com amor. Torna-nos amor no mundo em que vivemos, especialmente em nossa família. Nós o pedimos por Maria, nossa mãe. Amém!

Pai-Nosso...

Ave-Maria...

Glória ao Pai...

Quarto dia
Jesus Crucificado

É necessário reaprender a olhar o crucifixo com plenitude de amor. Não podemos fugir da cruz; ela está sempre conosco. São muitas as cruzes que aparecem: doença, desemprego, dificuldades em família, dívidas, brigas... Só olhando para o Cristo, teremos capacidade de compreender que somente por meio do amor poderemos vencer tudo e sermos vitoriosos com a cruz de Jesus.

Escutemos Teresa de los Andes que nos fala de Jesus Crucificado

- "A paixão de Jesus Cristo é o que mais toca minha alma: aumenta em mim o amor ao ver o quanto sofreu meu Redentor, o amor ao sacrifício, ao esquecimento de mim mesma. Serve-me para ser menos orgulhosa." (C 143)

- "Gostaria que pusesse os olhos de sua alma em Jesus Crucificado. Ali encontrará não só alívio na dor, mas também aprenderá a sofrer em silêncio, sem murmurar nem exteriormente, a sofrer alegremente, tendo em conta que tudo é pouco, contanto que se salvem as almas que tem a seu encargo, como mãe." (C 143)

Vamos meditar em silêncio esses pensamentos de Teresa de los Andes

ORAÇÃO

Todos: Senhor, sabemos que nos afastamos de Cristo crucificado. Às vezes em nossa casa não há nenhum crucifixo. Há quem queira tirar os crucifixos das escolas, dos lugares públicos. Precisamos, nos momentos difíceis, olhar o crucifixo para reassumir nosso caminho de sofrimento, mas um sofrimento alegre porque unidos a Cristo. Ajuda-nos, Senhor, a aceitar a cruz! Senhor, tu sabes quais são as nossas cruzes. Nós te pedimos, pela intercessão de Teresa de los Andes, a graça de que tanto necessitamos para que a nossa cruz seja mais leve, ...

Se for do teu agrado, vem, Senhor, em nossa ajuda. Dá-nos, porém, sempre a força de olhar para Jesus crucificado e caminhar com coragem e esperança.

Pai-Nosso...

Ave-Maria...

Glória ao Pai...

Quinto dia
Silêncio

Ninguém mais tem tempo para parar, refletir, pensar. Falamos demais, sem pensar, e depois nos arrependemos do que dizemos. Na escola de Teresa de los Andes devemos aprender o silêncio de amor; a amar-nos e a saber sofrer.

Escutemos Teresa de los Andes que nos fala de silêncio

- "Amemos, adoremos e escutemos o Verbo... que fala de humildade, de silêncio e de pobreza." (C 149)

- "Tudo é silêncio, harmonia, unidade em Deus. E para viver nele é necessário simplificar-se, ter apenas um pensamento e atividade: louvor." (D 56)

Vamos meditar em silêncio esses pensamentos de Teresa de los Andes

ORAÇÃO

Todos: Senhor, nosso Deus, não sabemos mais ficar em silêncio. É necessário descer dentro de nós para podermos compreender o que devemos fazer e dizer. O silêncio nos faz falta em nossa casa, em nosso trabalho; queremos meditar mais a tua palavra e saber sofrer em silêncio. Senhor, tu sabes que nós necessitamos tanto do teu amor e da tua proteção. Pela intercessão de Santa de Los Andes, te pedimos esta graça que nos parece necessária para a nossa felicidade, ...

Mas estamos dispostos a fazer sempre a tua vontade. Que Maria, nossa Mãe, nos sustente e nos dê coragem.

Pai-Nosso...

Ave-Maria...

Glória ao Pai...

SEXTO DIA
ALEGRIA

Somos cada vez mais tristes, desanimados, deprimidos. Muitas vezes não sabemos o caminho que devemos tomar. No entanto, percebemos que longe de Deus não há alegria, há sempre trevas e desespero. É o momento de retomar as bem-aventuranças da alegria como nosso caminho de amor.

Escutemos Teresa de los Andes que nos fala de alegria

- "Sei que, se entrar no Carmelo, será para sofrer. O sofrimento não me é desconhecido. Nele encontro a minha alegria, porque na cruz encontramos Jesus e ele é amor... A vida de uma carmelita é sofrer, amar e rezar... desde pequena Jesus me ensinou essas três coisas." (C 14)

- "Consolemo-lo a cada momento dizendo-lhe que o amamos. Ele fica agradecido por este canto não interrompido do amor. Amemos a sua adorável vontade em todas as circunstâncias da vida. Quando se ama, tudo é alegria, a cruz não pesa, o martírio não se sente, vive-se mais no céu que na terra." (C 104)

Vamos meditar em silêncio esses pensamentos de Teresa de los Andes

ORAÇÃO

Todos: Senhor, nosso Deus, nós nos sentimos tristes, desanimados. Sabemos na cabeça que o evangelho é alegria, mas na vida não somos felizes. Teresa de los Andes, Senhor, é a Santa da alegria. Que ela nos ensine a ser felizes, mesmo quando a tristeza bate à nossa porta e nos oprime. Que possamos aprender a carregar com alegria a cruz.

Nós te pedimos, pela intercessão de Santa Teresa de los Andes, a graça de que necessitamos, ... Mas estamos dispostos a carregar a cruz até quando o Senhor quiser. Que Maria venha em nossa ajuda. Amém!

Pai-Nosso...

Ave-Maria...

Glória ao Pai...

SÉTIMO DIA
AMAR MARIA

Maria em nossa vida não é uma devoção supérflua ou inútil; é uma presença importante sem a qual não podemos viver em plenitude o evangelho. Teresa de los Andes teve um amor todo especial à Virgem Maria. Saibamos escutar o que ela nos diz.

Escutemos Teresa de los Andes que nos fala de Maria

- "O que mais me faz amar a minha vocação é ver que a vida de uma carmelita é semelhante à da Santíssima Virgem. Ela rezou, sofreu, amou, e tudo em silêncio. Além disso, a nossa Ordem é consagrada à Virgem. Eu antes não sabia muito isto, mas aqui agradeci várias vezes a Nossa Senhora por ter-me chamado para sua Ordem." (C 138)

- "O meu espelho deve ser Maria. Desde que sou sua filha devo assemelhar-me a ela e assim assemelhar-me-ei a Jesus. Devo amar só Jesus. O meu coração deve ter o sigilo do amor de Deus. Os meus olhos devem permanecer fixos em Jesus Crucificado. A minha língua deve cantar-lhe o meu amor. Os meus pés devem caminhar para o Calvário, por isso o meu passo deve ser lento e recolhido. As minhas mãos devem abraçar o crucifixo, isto é, a imagem divina que deve estar bem impressa no meu coração." (D 15)

Vamos meditar em silêncio esses pensamentos de Teresa de los Andes

ORAÇÃO

Todos: Senhor, eu te peço que possamos descobrir cada dia mais o amor a Maria e ser agradecidos pelo dom que ela nos faz constantemente de Jesus, de como ela tem vivido a plenitude das virtudes do amor, da esperança e da fé. Queremos sentir Maria sempre ao nosso lado e que ela seja para nós força e coragem. Nós te pedimos, por intercessão de Teresa de los Andes, a graça de que mais necessitamos, ...

Vem, Senhor, em nosso socorro e que Maria nos ajude em todos os momentos de nossa vida e na hora de nossa morte. Amém.

Pai-Nosso...

Ave-Maria...

Glória ao Pai...

Oitavo dia
Oração

Sem a oração não somos nada. Devemos voltar a descobrir a beleza da oração que é descer no mais íntimo de nós mesmos, onde habita Deus, alegria infinita. Às vezes rezamos mal, correndo distraídos, sem amor, para cumprir o dever. A oração é amor, diálogo com o Senhor. Teresa de los Andes nos ensina como devemos rezar.

Escutemos Teresa de los Andes que nos fala de oração

- "O fim da oração é inflamar-nos no amor do nosso Deus. É só estar em sua presença, só olhá-Lo nos basta para amá-Lo e, seduzidos pela sua beleza, não podemos dizer-lhe outra coisa a não ser que O amamos." (C 109)

- "A oração é o canto de amor... Faz oração. Pensa tranqüilamente quem é Deus, quem és tu e tudo o que lhe deves." (C 107)

- "Uma alma unida e identificada com Jesus pode tudo. Parece-me que só pela oração se pode alcançar isso." (C 130)

Vamos meditar em silêncio esses pensamentos de Teresa de los Andes

ORAÇÃO

Todos: Senhor, nosso Deus, ajuda-nos a assumir a oração como o "nosso trabalho diário". Envia sobre nós o Espírito Santo para que ele reze em nós, e que possamos contemplar Jesus como modelo da nossa oração. Ajuda-nos a crer na eficácia da oração que não nos permite desanimar na vida. Por intercessão de Teresa de los Andes, nós te pedimos a graça de que tanto necessitamos, ... Que nunca deixemos de rezar, mesmo quando não somos atendidos, mas que sempre batamos à porta até que ela se abra. Nós o pedimos pela intercessão de Maria, nossa mãe. Amém!

Pai-Nosso...

Ave-Maria...

Glória ao Pai...

NONO DIA
EUCARISTIA

O encontro mais belo e mais autêntico, vivo e verdadeiro com Jesus acontece na Eucaristia, onde nós o recebemos. Eucaristia e confissão andam sempre juntas. É preciso reassumir esses sacramentos em nossa vida e sermos fiéis tanto à confissão como à Eucaristia.

Escutemos Teresa de los Andes que nos fala de Eucaristia

- "Quisera fazer as pessoas compreenderem que a Eucaristia é um céu, posto que 'o céu não é senão um sacrário sem portas, uma Eucaristia sem véus, uma comunhão sem fim'. Sim, minha Lucita, é preciso que prepares o coraçãozinho de tua Lucecita para que seja sempre sacrário de Jesus. Agora com tuas orações, mais tarde com o ensinamento, a vigilância e o exemplo. Ensina-lhe a amá-lo desde pequenina. Dize-lhe sempre que há um Deus que a ama infinitamente e que no altar vive para unir-se às nossas almas. Que sua primeira palavra seja Jesus." (C 112)

- "Ah, meu papaizinho, como se transformaria sua vida se fosse a Ele com freqüência como a um amigo! Crê acaso que Jesus não lhe receberia como tal? Se tal coisa pensasse, demonstraria que não o conhece. Ele é todo ternura, todo amor para suas criaturas pecadoras. Ele mora no sacrário com o coração aberto para receber-nos e aguarda-nos ali para consolar-nos. Papaizinho meu, quantas vezes você mesmo não me expressou a felicidade que sentiu ao comungar! É porque então sua alma, livre de todo peso, sentiu a presença de seu Deus, único capaz de satisfazer-nos. Além do mais, por que temer aproximar-se de Nosso Senhor, quando Ele mesmo disse que era o Bom Pastor, que dá a vida para recobrar a ovelha perdida? E disse que veio em busca dos pecadores. Assim, pois, meu papaizinho, todos, ainda que pecadores, podemos aproximar-nos dele. Somos seus filhos que devemos confiar em suas entranhas cheias de ternura paternal.

Papaizinho meu, quando sofrer, olha para sua Mãe Dolorosa com Jesus morto entre seus braços. Compare sua dor. Nada há o que lhe assemelhe. É seu único Filho, morto, maltratado pelos pecadores.

E à vista do corpo ensangüentado de seu Deus, das lágrimas de sua Mãe Maria, aprenda a sofrer resignado, aprenda a consolar à Ssma. Virgem, chorando seus pecados." (C 150)

Vamos meditar em silêncio esses pensamentos de Teresa de los Andes

ORAÇÃO

Todos: Senhor, às vezes nos afastamos da Eucaristia e da confissão. O nosso amor se resfria, é necessário assumir novamente uma vida cristã autêntica e fiel.

Senhor, por intercessão de Teresa de los Andes, nós te pedimos a graça de que mais necessitamos para viver o evangelho e sermos felizes em nossa vida, ... Mas tu sabes que aceitamos a tua vontade. Acolhemos, Senhor, tudo o que vier de ti. Na Eucaristia e na confissão encontraremos a coragem para não desanimar. Que Maria, nossa Mãe, venha em nossa ajuda. Amém.

Pai-Nosso...

Ave-Maria...

Glória ao Pai...

Edições Loyola

editoração impressão acabamento

Rua 1822 nº 341 – Ipiranga
04216-000 São Paulo, SP
T 55 11 3385 8500/8501, 2063 4275
www.loyola.com.br